EDELVAN JOSÉ DOS SANTOS

Novena de Santa Águeda

EDITORA SANTUÁRIO

DIREÇÃO EDITORIAL: Pe. Fábio Evaristo R. Silva, C.Ss.R.
Pe. José Luís Queimado, C.Ss.R.
COORDENAÇÃO EDITORIAL: Ana Lúcia de Castro Leite
COPIDESQUE: Luana Galvão
REVISÃO: Sofia Machado
DIAGRAMAÇÃO E CAPA: Mauricio Pereira

Textos bíblicos extraídos da *Bíblia de Aparecida*,
Editora Santuário, 2006.

ISBN 978-65-5527-531-5

1ª impressão

Rua Pe. Claro Monteiro, 342 – 12570-045 – Aparecida-SP
Tel.: 12 3104-2000 – Televendas: 0800 - 0 16 00 04
www.editorasantuario.com.br
vendas@editorasantuario.com.br

Santa Águeda

Santa Águeda, também conhecida como Ágata, nasceu na Sicília (Itália), entre os anos 235 e 252, em uma nobre família. Desde jovem, consagrou sua vida a Deus, fazendo voto de castidade, refletindo a pureza de seu coração e a profundidade de sua fé. Tornou-se uma das mártires mais valentes e admiradas da Igreja, sendo lembrada com grande devoção no cânone da Santa Missa.

Sua história, transmitida por gerações, é marcada com sua força inquebrantável diante das adversidades. Quando o governador Quinciano soube de sua beleza e suas riquezas, desejou possuí-la e, ao mesmo tempo, acusou-a de ser cristã, ordenando sua prisão. Mesmo nas profundezas do cárcere, Águeda não se abalou.

Com coragem e fé, entregou sua vida a Deus, clamando: "Jesus Cristo, Senhor de tudo o que existe, Vós conheceis meu coração e sois sabedor de meus anseios. Tomai posse de mim e de tudo o que me pertence. Sois o Pastor, meu Deus; sou vossa ovelha. Concedei-me a graça de ser digna de vencer o maligno".

O governador, tomado pela cobiça e pelo desejo de corrompê-la, tentou seduzi-la com propostas imorais, mas Águeda, com firmeza e dignidade, rejeitou todas as ofertas. Preferia a morte a negar sua fé em Cristo. Então, Quinciano entregou-a a uma mulher promíscua chamada Afrodísia, na esperança de quebrar sua resistência. Contudo, Águeda manteve-se firme. E, após um mês de tentativas fracassadas, Afrodísia pediu que ela fosse retirada de sua casa. Seu martírio estava apenas começando.

No tribunal, Quinciano perguntou, com desprezo, em um último esforço para humilhá-la: "Não te envergonhas de te rebaixar à servidão do cristianismo, quando pertences a uma família nobre?" Com serenidade e coragem, ela lhe respondeu: "Servir a Cristo é a verdadeira liberdade, superior a todas as riquezas dos soberanos".

Sua resposta foi um golpe direto contra a crueldade do governador, que a agrediu violentamente, desferindo-lhe bofetadas tão fortes que fez seu nariz sangrar; ainda assim, nada poderia abalar a fé de Águeda.

Embora tenha sido submetida a torturas indescritíveis, seu corpo sido mutilado, seus seios arrancados de forma brutal, mesmo diante de tanta dor, ela desafiou novamente o governador: "Não tens vergonha de mutilar em uma mulher o que tua mãe te deu para amamentar?"

Após essas atrocidades, a jovem foi levada à prisão, onde a dor e o sofrimento se tornaram insuportáveis. Naquela noite, o Senhor enviou-lhe um consolo: o apóstolo São Pedro, disfarçado de um ancião venerável, apareceu a ela e, louvando sua coragem, encorajou-a a não desistir. Repleta de gratidão, Águeda cantou hinos de louvor a Deus. Os guardas, pasmados ao abrirem as portas da prisão e a verem a mártir completamente curada, fugiram aterrorizados.

Apesar desse milagre, ela manteve-se firme em sua missão. Quando suas companheiras de prisão sugeriram que fugisse, ela lhes respondeu, com coragem e fé: "Deus me livre de abandonar a batalha antes de possuir a palma da vitória em minhas mãos!"

Quatro dias depois, foi novamente levada diante do juiz. Ao vê-la curada, Quinciano ficou surpreso e perguntou, incrédulo: "Como podes estar curada depois de tudo o que fizemos?" Águeda, com confiança inabalável, respondeu-lhe: "Olha e reconhece o poder infinito de Deus, a quem venero. Foi Ele quem curou minhas feridas e restaurou o que me foi tirado. Como podes exigir que eu o renegue? Nenhuma dor, por mais intensa que seja, conseguirá me afastar de meu Deus!"

O governador, cuja raiva não teve fim, ordenou que fosse arrastada sobre brasas e marcada na pele com ferro escaldante. Nesse instante, um grande terremoto abalou a cidade, e uma parede desabou, matando dois dos amigos de Quinciano. Com extrema indignação, o povo clamou: "Este é o castigo pelo martírio da nobre donzela. Liberta a vítima inocente, juiz cruel!"

De volta à prisão, ela orou ao Senhor, com os braços abertos: "Senhor, que, desde minha infância, me protegeste, apagaste em meu coração o apego ao mundo e me concedeste a graça de sofrer o martírio, ouve as preces de tua serva fiel e recebe minha alma".

Com suas palavras, Águeda entregou sua alma a Deus no ano de 252, após um longo e doloroso martírio, finalmente aliviada.

Um ano após sua morte, quando Sicília foi tomada pelo terror diante da erupção do monte Etna, o povo correu até seu túmulo, pegou o véu que cobria seu rosto e estendeu-o contra as chamas da lava. Milagrosamente, a cidade foi poupada da destruição. E a notícia do milagre se espalhou pelo mundo inteiro.

Até os dias de hoje, Santa Águeda é reverenciada com imenso respeito e profunda devoção pelo povo siciliano. Sua vida de fé inabalável e coragem diante do sofrimento continua a tocar os corações de todos que se entregam a sua intercessão. Sua festa litúrgica, celebrada com grande fervor no dia 5 de fevereiro, é um momento de louvor e agradecimento por sua proteção e seus exemplos de coragem.

Ela é especialmente invocada como intercessora das pessoas que enfrentam o câncer de mama, sendo uma fonte de esperança e consolo para os que sofrem. Sua poderosa proteção também se estende às virgens, defendendo-as com amor e força contra o perigo da violação da castidade. Com sua pureza e sua fé, Águeda continua a ser um farol de luz e de segurança para todos que buscam sua ajuda, intercedendo diante de Deus com a mesma força que demonstrou em sua vida e seu martírio.

Como fazer a Novena

(Roteiro para todos os dias)

1. Oração Inicial

– Em nome do Pai, do Filho e do Espírito Santo.

– Amém!

– A nossa proteção está no nome do Senhor,

– que fez o céu e a terra!

– Ouvi, Senhor, minha oração

– e chegue até vós o meu clamor!

– Vinde, Espírito Santo, enchei os corações dos vossos fiéis e acendei neles o fogo do vosso amor. Enviai o vosso Espírito, e tudo será criado, e renovareis a face da terra!

Oremos: Ó Deus, que instruístes os corações dos vossos fiéis com a luz do Espírito Santo, fazei que apreciemos retamente todas as coisas, segundo o mesmo Espírito, e gozemos sempre da sua consolação. Por Cristo, Senhor nosso.

– Amém!

Oferecimento da Novena

Ó Santa Águeda, mártir valente e fiel, que, com coragem e fé inabalável, suportaste os mais terríveis sofrimentos por amor a Cristo, nós te louvamos e te agradecemos por tua coragem e dedicação.

Tu, que foste um exemplo de pureza, fortaleza e devoção, ajuda-nos a seguir teu exemplo de fé em Deus, principalmente nos momentos de provação e de dor. Intercede por nós, Santa Águeda, para que, com teu auxílio, possamos permanecer firmes no caminho da verdade e da justiça.

Com teu coração puro, repleto de amor a Cristo, pedimos-te que nos cubras com tua proteção e nos concedas a graça de que tanto necessitamos. (Silencie um momento e faça seu pedido com fé e esperança.)

Santa Águeda, intercede por nós, para que, por meio de teu poderoso intermédio, possamos alcançar a paz e a cura, espiritual e física, e que, como tu, possamos viver com fé viva e coragem diante das adversidades. Assim seja. Amém!

2. Palavra de Deus (própria de cada dia)

3. Reflexão (própria de cada dia)

4. Oração final

Gloriosa Santa Águeda, jovem mártir e intercessora poderosa, agradecemos imensamente tua constante proteção e todas as graças que nos concedeste durante esta novena.

Agradecemos tua intercessão junto de Deus, tua coragem em testemunhar a fé e tua força diante do sofrimento, que nos inspira a confiar mais profundamente no amor e na misericórdia de Jesus Cristo.

Com gratidão no coração, pedimos que continues a interceder por nós, especialmente por aqueles que enfrentam a difícil batalha contra o câncer de mama.

Santa Águeda, tu que compreendeste a dor e a angústia, leva nossas preces até Deus, pedindo por aqueles que estão em tratamento, por aqueles que têm suspeita de câncer de mama e pela cura de todos os que sofrem com essa doença e outros males (rezar 1 Pai-Nosso, 3 Ave-Marias e 1 Glória ao Pai).

Que, pela intercessão de Santa Águeda, o Senhor Jesus Cristo nos conceda a força, a fé e a cura de que tanto necessitamos. Amém!

1º Dia

Santa Águeda: a jovem mártir de fé inabalável

1. Oração inicial (p. 11)

2. Palavra de Deus (Gn 21,1-7)

Javé interveio em favor de Sara, como tinha dito, e fez por ela o que tinha prometido. Sara concebeu e deu à luz um filho a Abraão, já velho, no tempo que Deus tinha fixado. Ao filho que lhe nasceu, que Sara lhe deu à luz, Abraão pôs o nome de Isaac. Abraão circuncidou seu filho Isaac, quando este completou oito dias, como Deus lhe havia ordenado. Abraão tinha cem anos, quando nasceu seu filho Isaac. Então Sara disse: "Deus me deu motivo para rir; e todos os que o souberem vão rir comigo!" Depois disse: "Quem jamais teria dito a Abraão que Sara iria amamentar filhos! No entanto lhe dei um filho em sua velhice!"

– Palavra do Senhor.

3. Reflexão

Hoje, iniciamos nossa novena em louvor a Santa Águeda, uma jovem que demonstrou uma fé inabalável em Cristo, em meio a imensas adversidades. Sua história, marcada com sofrimento, coragem e fidelidade, convida-nos a refletir sobre o poder da fé, especialmente quando ela é colocada à prova.

Santa Águeda foi uma mártir que permaneceu firme em sua confiança em Deus, mesmo diante de um sofrimento físico cruel. Sua fé não vacilou nem quando as autoridades tentaram fazê-la renunciar a seu compromisso com Cristo.

Ao refletirmos sobre sua vida, podemos traçar um paralelo com a história de Sara, marcada pela espera e pela promessa cumprida. Ela confiou em Deus mesmo em sua velhice, quando a esperança de conceber um filho parecia impossível. Quando Deus finalmente fez o que Sara havia desejado, ela se alegrou e declarou: "Deus me deu motivo para rir; e todos os que o souberem vão rir comigo!" A alegria de Sara era pautada na ação divina, que se cumpriu pela força da oração.

Assim como Sara, que confiou em Deus quando as circunstâncias pareciam desanimadoras,

Santa Águeda também manteve sua fé firme, mesmo diante do martírio. Essas duas mulheres, em contextos diferentes, ensinam-nos que a fé inabalável em Deus não depende de compreensão das difíceis provações, mas da confiança em seu poder e em suas promessas.

Sara foi testemunha da fidelidade de Deus em cumprir seu desejo de dar à luz Isaac, e sua fé gerou uma grande alegria. Da mesma forma, Santa Águeda, ao perseverar em sua fé até o martírio, gerou um testemunho vivo que continua a inspirar milhares de cristãos ao longo dos séculos. Elas nos mostram que, quando colocamos nossa confiança em Deus, não importa o que aconteça a nosso redor, a vitória será sempre nossa, pois Ele é fiel e conosco sempre estará.

4. Oração final (p. 13)

2º Dia

Santa Águeda: a intercessora das mulheres aflitas

1. Oração inicial (p. 11)

2. Palavra de Deus (Rt 1,6-11.14-16)

Noemi se pôs a caminho para voltar dos campos de Moab com suas noras, pois ficara sabendo, nos campos de Moab, que Deus tinha visitado seu povo, dando-lhe pão. Partiu, pois, com as duas noras do lugar onde estava, e tomaram o caminho de volta à terra de Judá. Noemi disse a suas duas noras: "Ide, voltai cada qual para a casa de sua mãe. Que Javé vos trate com bondade, como tratastes os que morreram e a mim mesma! Que Javé vos conceda encontrar descanso, cada uma na casa de um marido!" Beijou-as, e elas se puseram a chorar em voz alta, dizendo: "Não! Vamos voltar contigo para teu povo". Noemi respondeu: "Voltai, minhas filhas; por que haveis de vir comigo? Porventura tenho ainda em meu seio filhos que possam vir a ser vossos maridos?" Elas choraram novamente em voz alta; depois, Orfa beijou sua sogra e voltou para seu povo, mas Rute ficou com ela. Disse-lhe então Noemi: "Olha, tua cunhada voltou para seu povo e para seus deuses; volta também com ela". Respondeu Rute: "Não insistas comigo para que te deixe e me afaste de ti, pois para onde fores, irei também, onde for tua morada, será também a minha; teu povo será meu povo e teu Deus será o meu Deus".

– Palavra do Senhor.

3. Reflexão

Neste segundo dia de novena em honra a Santa Águeda, somos convidados a refletir sobre a intercessão de tantas mulheres, especialmente aquelas que, com coragem e compaixão, assumem o papel de amparar e apoiar outras em momentos de dor e dificuldade. Santa Águeda é um exemplo de intermediária para muitos corações. Ela intercede por nós, assim como Rute intercedeu por sua sogra Noemi, oferecendo-lhe apoio e lealdade incondicionais.

Na passagem bíblica de hoje, vemos o amor e a fidelidade de Rute para com sua sogra. Quando a tragédia atingiu a família de Noemi, ela decidiu voltar para sua terra natal, pois soubera que Deus havia visitado seu povo, levando-lhe esperança. No entanto Noemi não queria que suas noras a acompanhassem.

Ela as exortou a voltar para sua casa, para que pudessem encontrar um novo marido e uma nova vida.

A despedida entre as mulheres é cheia de dor, pois as duas noras amavam Noemi e queriam acompanhá-la. Uma delas, Orfa, optou por seguir o conselho e retornar a sua terra. Rute, por outro lado, demonstrou uma fidelidade impressionante, um amor profundo que transcendeu a lógica e a razão, pois ela escolheu não apenas permanecer com Noemi, mas também abraçar sua fé e seu povo.

Esse gesto de lealdade e compaixão é um testemunho do poder do vínculo feminino, que transcende até as barreiras de sangue e cultura. Rute se tornou, assim, um exemplo do amor incondicional.

De maneira semelhante, Santa Águeda, em

sua vida de dedicação a Deus e ao próximo, tornou-se um exemplo de mulher forte, fiel e intercessora. Mesmo sofrendo perseguições e torturas, não deixou de interceder pelas mulheres que sofriam com ela e por aquelas que precisavam de sua ajuda espiritual. Assim como Rute, que amparou Noemi, Águeda cuidou das necessidades espirituais e emocionais de todas as mulheres que estavam com ela aprisionadas, em momento de grande aflição.

Rute e Santa Águeda nos ensinam que a verdadeira força das mulheres está em sua capacidade de interceder, apoiar e servir.

Santa Águeda tornou-se um modelo de coragem, intercedendo com fervor por todas as mulheres que se sentem frágeis ou sem esperança diante do diagnóstico do câncer de mama e de outros males, lembrando-nos que Deus sempre tem um propósito para aqueles que, com fidelidade, colocam-se ao serviço do próximo.

4. Oração final (p. 13)

3º Dia

Santa Águeda: modelo de esperança em Jesus Cristo

1. Oração inicial (p. 11)

2. Palavra de Deus (1Sm 1,10-11.19-20)

Ana, com a alma amargurada, suplicava a Javé e chorava copiosamente. Fez também uma promessa, dizendo: "Javé dos exércitos, se vos dignardes olhar para a aflição de vossa serva e vos lembrardes de mim, se não esquecerdes de vossa serva e lhe derdes um filho homem, eu o oferecerei a Javé por todos os dias de sua vida, e a navalha jamais passará sobre sua cabeça". Na manhã seguinte, ela e o marido se levantaram cedo e, depois de adorar Javé, partiram e voltaram para sua casa em Ramá. Elcana uniu-se a sua mulher Ana, e Javé lembrou-se dela. Passado o devido tempo depois de Ana ter concebido, deu à luz um filho e o chamou Samuel, dizendo: "Eu o pedi a Javé".

– Palavra do Senhor.

3. Reflexão

Hoje, somos convidados a refletir sobre a esperança que deve ser cultivada em Cristo, mesmo em meio às dificuldades e aflições. A vida e o martírio de Santa Águeda nos ensinam a colocar nossa confiança em Deus, pois Ele é fiel para nos sustentar e nos dar força, assim como fez com Ana, a mãe de Samuel, na passagem bíblica que meditamos.

A história de Ana é tocante e profunda. Ela viveu um sofrimento intenso por não poder ter filhos, o que era uma grande aflição para as mulheres naquela época. Ana, com o coração cheio de dor e amargura, voltou-se para Deus e fez uma promessa fervorosa: se Deus lhe concedesse um filho, ela o dedicaria ao Senhor por toda a sua vida.

Com lágrimas e um coração contrito, Ana não apenas fez um pedido, mas também ofereceu ao Senhor o fruto de sua esperança. Sua oração, marcada pela sinceridade e confiança em Deus, é um exemplo de como, mesmo nos momentos de aflição, podemos esperar e crer que Deus nos ouvirá.

Após esse tempo de oração e entrega, Deus lembrou-se de Ana e atendeu sua súplica. Ela concebeu e deu à luz Samuel, o qual dedicou a Deus, cumprindo sua promessa. A alegria de Ana não estava apenas no filho que Deus lhe deu, mas também na confirmação de que Deus escuta nossas orações e que Ele age conforme seu tempo.

Da mesma forma, Santa Águeda nos ensina a esperança em Cristo, que se mantém firme até o fim. Embora tenha enfrentado um sofrimento incompreensível, sendo torturada e martirizada por sua fé, ela nunca perdeu a esperança em Deus. Acreditava que seu sofrimento não seria em vão, pois sabia que Deus estava com ela, dando-lhe força para enfrentar o martírio, e confiava que sua vida e morte seriam uma oferenda agradável a Ele.

Ao oferecer sua vida em martírio, alcançou a glória eterna, tornando-se um farol de esperança para todos os cristãos. Ela demonstrou que a verdadeira esperança em Cristo nos leva a acreditar que Deus está presente, mesmo em meio à dor, e que seu plano para nós é sempre de amor e salvação.

4. Oração final (p. 13)

4º Dia

Santa Águeda: a luz na escuridão da dor

1. Oração inicial (p. 11)

2. Palavra de Deus (Est 5,3-6; 7,3)

Disse o rei a Ester: "Que tens, rainha Ester? Qual é teu pedido? Mesmo que seja a metade de meu reino, ele te será concedido". Respondeu Ester: "Se parecer bem ao rei, venha hoje com Amã ao banquete que lhe preparei". O rei ordenou: "Chamai logo Amã para atender ao desejo de Ester". Assim, o rei foi com Amã ao banquete preparado por Ester. Enquanto era servido o vinho, o rei perguntou a Ester: "Qual é teu pedido? Será deferido. Que desejas? Ainda que seja a metade de meu reino, ele te será concedido". Respondeu então a rainha: "Se realmente encontrei graça diante de teus olhos, ó rei, e se ao rei agradar, concede-

-me a vida – eis meu pedido – e a vida de meu povo – eis meu desejo".

– Palavra do Senhor.

3. Reflexão

Neste quarto dia de nossa novena, somos chamados a meditar sobre a vida e o testemunho de duas mulheres extraordinárias: Ester e Santa Águeda. Elas nos ensinam a importância de sermos luz nas horas de escuridão, especialmente quando a dor e o sofrimento se fazem presentes em nossa caminhada.

Ester, ao se colocar diante do rei, arriscando sua vida para salvar seu povo, ensinou-nos a coragem e a confiança em Deus. Ela, não temendo enfrentar o sofrimento pessoal, usou sua posição de rainha para interceder pelo bem de todos. Sua fé a conduziu em meio a uma situação de grande perigo, e sua ousadia trouxe a libertação de seu povo. Ester nos lembra que, mesmo nas circunstâncias mais difíceis, Deus nos chama a ser instrumentos de sua luz e salvação.

Santa Águeda, por sua vez, enfrentou o martírio com uma fé imensurável. As torturas que sofreu por amor a Cristo não a afastaram do caminho da fidelidade. Ao contrário, sua entrega e confiança em Deus a tornaram uma poderosa intercessora para todos nós. Ela transformou seu sofrimento em uma fonte de força e esperança, confiando na presença de Deus até nas horas mais sombrias.

Hoje, ao meditarmos sobre essas duas grandes mulheres, somos chamados a refletir: como podemos ser luz em nossas próprias escuridões? Como, em meio a nossas dificuldades e dores, podemos buscar a força em Deus para agir em favor dos outros e para manter sólida nossa fé?

Assim como Santa Águeda, precisamos ser corajosos em nossa fé, amparar os mais necessitados e confiar no poder de Deus, que pode transformar toda dor em um instrumento de salvação. Que, neste dia, possamos pedir a graça de ser luz nas situações difíceis, acreditando que, mesmo na escuridão, Deus nunca nos abandona. Que a coragem e a fidelidade de Santa Águeda inspirem nossa vida e nos fortaleçam em nossa caminhada de fé. Amém.

4. Oração final (p. 13)

5º Dia

Santa Águeda: a bem-aventurada serva de Deus

1. Oração inicial (p. 11)

2. Palavra de Deus (Lc 1,39-43.45)

Naqueles dias, Maria partiu em viagem, indo às pressas para a região montanhosa, para uma cidade da Judeia. Entrou na casa de Zacarias e cumprimentou Isabel. Logo que Isabel ouviu a saudação de Maria, o menino saltou em seu seio, e Isabel ficou cheia do Espírito Santo e exclamou em alta voz: "Tu és bendita entre as mulheres e bendito é o fruto de teu ventre! Bem-aventurada aquela que acreditou que se cumpriria o que lhe foi dito da parte do Senhor!"

– Palavra da Salvação.

3. Reflexão

Maria, ao aceitar a missão de ser a mãe do Salvador, coloca-se humildemente nas mãos do Senhor, acreditando firmemente no cumprimento de sua palavra. Santa Águeda, de maneira semelhante, entrega-se ao plano divino, mesmo diante do sofrimento iminente, confiando que sua vida e seu martírio são parte do plano de salvação.

Maria é proclamada bem-aventurada por Isabel, que a reconhece como aquela que acreditou na promessa do Senhor. Sua confiança, mesmo diante de um futuro desafiador, torna-a um exemplo de fé para todos nós. Santa Águeda, mesmo diante das terríveis torturas, mantém sua fé e fidelidade a Deus, não permitindo que a dor a afaste dele.

Além da fé, tanto Maria quanto Águeda demonstram uma coragem extraordinária. Maria, ao acompanhar seu filho até a cruz, demonstra uma força silenciosa e uma obediência incondicional ao plano de Deus, apesar da dor que experimenta. Da mesma forma, Santa Águeda enfrenta o martírio com uma força interior vinda de sua profunda confiança em Deus. Elas nos ensinam que a verdadeira força não está na ausência de sofrimento, mas na capacidade de permanecer firme e fiel, mesmo nas horas mais tenebrosas.

Maria, em sua visita a Isabel, demonstra sua vocação de serviço ao ajudar a prima em sua gestação. Com humildade e carinho, coloca-se a serviço de Deus e do próximo. Santa Águeda, embora tenha enfrentado grande dor, torna-se também uma serva fiel, dando sua vida como testemunho de fé. Ambas, com suas ações, mostram que a verdadeira grandeza está em servir aos outros, colocando-se à disposição de Deus e do próximo com amor e generosidade.

Ela, após seu martírio, continua a interceder pelos fiéis, especialmente pelas mulheres enfermas, diagnosticadas com câncer de mama. Imitemos essas duas mulheres extraordinárias em nossa vida, buscando viver com fé, coragem, humildade e generosidade, sempre dispostos a seguir o Senhor e a interceder pelo próximo. Amém.

4. Oração final (p. 13)

6º Dia

Santa Águeda: a protetora das almas feridas

1. Oração inicial (p. 11)

2. Palavra de Deus (Lc 2,33-35)

José e Maria estavam maravilhados com as coisas que dele se diziam. Simeão os abençoou e disse a Maria, sua mãe: "Este menino vai causar a queda e a elevação de muitos em Israel; ele será um sinal de contradição; a ti própria, uma espada te traspassará a alma, para que se revelem os pensamentos de muitos corações".

– Palavra da Salvação.

3. Reflexão

Neste sexto dia de novena, pensemos na intercessão de Santa Águeda a favor das mulheres que enfrentam o sofrimento, diante da recuperação pós-cirurgia da mama. Ela, que também sofreu com a violência inflingida a seu próprio corpo, tornou-se uma grande protetora e intercessora para aquelas que buscam força, cura e consolo em suas provações.

Santa Águeda foi uma mulher que, diante das torturas, sobretudo na região dos seios, permaneceu firme em sua fé e confiança em Deus. Seu martírio transformou-a na padroeira especial para todas as mulheres que passam por experiências dolorosas relacionadas com o corpo, especialmente aquelas que enfrentam cirurgias, tratamentos e a recuperação após a remoção da mama, devido ao câncer.

Por causa da dor física que experimentou, assim como a angústia emocional que muitas mulheres sentem ao enfrentar esse tipo de cirurgia, vemos nela uma intercessora poderosa que conduz as súplicas até a misericórdia divina.

Além disso, ela nos ensina que, em meio ao sofrimento, é possível encontrar propósito e força para ajudar os outros. Ao se entregar a Deus, não só encontra a redenção pessoal, mas também se torna uma fonte de luz e cura para os outros.

As mulheres que enfrentam o processo de recuperação da cirurgia da mama podem se inspirar na fé inabalável de Santa Águeda, sabendo que há uma força maior que pode restaurar suas energias e dar-lhes paz interior.

Neste dia, invoquemos a proteção e a intercessão de Santa Águeda para todas as mulheres em recuperação. Que ela as acompanhe, aliviando a dor física e emocional e sintam o conforto e a cura que vêm do amor de Deus pelo intermédio da jovem mártir. Que Santa Águeda, protetora das almas feridas, seja um sinal de esperança para todas as mulheres que enfrentam a dor com coragem e fé. Amém.

4. Oração final (p. 13)

7º Dia

Santa Águeda: exemplo de pureza e de castidade

1. Oração inicial (p. 11)

2. Palavra de Deus (Jo 2,1-5)

Houve uma festa de casamento em Caná da Galileia e lá se encontrava a mãe de Jesus. Também Jesus foi convidado para a festa junto com seus discípulos. Faltando o vinho, a mãe de Jesus lhe disse: "Eles não têm mais vinho". Respondeu-lhe Jesus: "Mulher, que importa isso a mim e a ti? Minha hora ainda não chegou". Sua mãe disse aos serventes: "Fazei tudo o que ele vos disser".

– Palavra da Salvação.

3. Reflexão

Santa Águeda foi um exemplo de castidade, uma virtude que, em sua vida, se manifestou como uma entrega total a Deus. Ela, que fez a escolha de viver sua vida em castidade, preservando seu corpo como templo do Espírito Santo, ensinou-nos que a pureza não é apenas uma questão física, mas uma atitude interior que reflete o amor e a dedicação a Deus acima de tudo.

Sua pureza e castidade não foram apenas virtudes externas, mas uma expressão profunda de sua fé e do compromisso com sua vocação. Ela entendeu que seu corpo era um bem precioso, destinado a glorificar a Deus, por isso optou por viver em total dedicação, recusando as propostas mundanas que a afastariam do Senhor.

Em tempos como os nossos, em que as tentações e os apelos à imoralidade são constantes, sua vida nos oferece um poderoso testemunho de que, quando vivemos de acordo com a vontade de Deus, encontramos verdadeira liberdade e paz interior.

Além disso, sua castidade não foi uma escolha imposta, mas uma decisão livre e consciente, que a tornou uma mulher verdadeiramente forte e autêntica. Ela não temia o sofrimento ou as pressões do mundo, porque sabia que sua fidelidade a Deus era o que realmente importava. Sua pureza, portanto, não foi um sinal de fragilidade, mas de uma força interior inquebrantável que a conduziu até o martírio.

Necessitamos purificar nossas intenções, nossos pensamentos e nossos desejos, buscando sempre viver em harmonia com o que é santo e puro aos olhos de Deus.

Como Santa Águeda, podemos escolher viver na fidelidade a Deus, buscando a castidade não como uma imposição, mas como uma resposta ao amor que Deus tem por nós. Que, por meio de sua intercessão, possamos ser fortalecidos na virtude da pureza, a fim de vivermos dignamente e consagrados ao Senhor. Amém.

4. Oração final (p. 13)

8º Dia

Santa Águeda: protetora contra o câncer de mama e outros males

1. Oração inicial (p. 11)

2. Palavra de Deus (Mt 9,35-38)

Jesus andava por todas as cidades e aldeias, ensinando em suas sinagogas, pregando o Evangelho do Reino e curando toda doença e enfermidade. Vendo as multidões, teve pena delas, porque estavam cansadas e abatidas como ovelhas sem pastor. Disse então a seus discípulos: "A messe é grande, mas os trabalhadores são poucos. Por isso pedi ao Senhor da messe que mande operários para sua messe".

– Palavra da Salvação.

3. Reflexão

Neste penúltimo dia de novena, refletimos sobre o consolo e a força que Santa Águeda oferece especialmente às mulheres que estão esperando o resultado de seu exame de mama, com o temor de um diagnóstico positivo. Ela, que sofreu grandes torturas em seu corpo, incluindo danos aos seios, tornou-se uma poderosa intercessora para todas as mulheres que enfrentam doenças, que afetam essa parte tão sensível e simbólica do corpo feminino.

Sua intercessão é um sinal de esperança, lembrando-nos de que, mesmo nas circunstâncias mais difíceis, Deus está conosco, trazendo alívio e cura. Para as mulheres que aguardam o resultado do exame, Santa Águeda oferece uma presença reconfortante, advogando por elas para que encontrem força, paz e, se for da vontade de Deus, um diagnóstico que traga alívio e renovação.

Nesse momento de espera, muitas mulheres sentem um medo profundo, uma ansiedade que pode consumir seus pensamentos e suas emoções. Ela as educa a confiar plenamente em Deus, independentemente do resultado.

A meditação sobre a vida de Santa Águeda também nos lembra a importância da fé, da oração e do apoio comunitário em momentos difíceis. Quando enfrentamos situações de incerteza e medo, como a espera do resultado de um exame de mama, é fundamental que nos apoiemos na oração, na família e na intercessão dos santos, confiantes de que Deus ouve nossas preces.

Desse modo, convidamos todas as mulheres que estão aguardando o resultado de seu exame de mama a se entregarem à proteção e à intercessão de Santa Águeda. Que ela as envolva com sua coragem e compaixão, levando paz aos corações ansiosos e, se for a vontade divina, um resultado favorável. Que possamos confiar no cuidado amoroso de Deus, sabendo que Ele está conosco em cada passo de nossa caminhada. Amém.

4. Oração final (p. 13)

9º Dia

Santa Águeda: intermédio na cura do câncer de mama

1. Oração inicial (p. 11)

2. Palavra de Deus (Jo 19,25-30)

Junto à cruz de Jesus estavam de pé sua mãe, a irmã de sua mãe, Maria, mulher de Cléofas, e Maria Madalena. Jesus, vendo sua mãe e, perto dela o discípulo que amava, disse a sua mãe: "Mulher, eis aí teu filho". Depois disse ao discípulo: "Eis aí tua mãe". E, dessa hora em diante, o discípulo acolheu-a consigo. Em seguida, sabendo Jesus que tudo estava consumado, para se cumprir plenamente a Escritura, disse: "Tenho sede". Havia ali um vaso cheio de vinagre. Embeberam de vinagre uma esponja e, fixando-a em uma vara de hissopo, chegaram-lha à boca. Havendo Jesus tomado o vinagre, disse: "Tudo está consumado". Inclinou a cabeça e entregou o espírito.

– Palavra da Salvação.

3. Reflexão

Neste último dia de novena, somos convidados a refletir sobre a cura física, espiritual e emocional que a intercessão de Santa Águeda pode levar às mulheres que enfrentam o câncer de mama. A jovem mártir experimentou um grande sofrimento em seu próprio corpo, tornou-se uma intercessora poderosa para todas as mulheres que lutam contra essa doença, oferecendo esperança, consolo e, acima de tudo, a certeza de que Deus pode curar e restaurar.

A cura do câncer de mama não é apenas uma questão física, mas também um processo profundo de cura interior, que envolve fé, confiança e uma entrega total a Deus. Para todas as mulheres que estão enfrentando o câncer de mama, a oração a Santa Águeda é um pedido de intercessão para que a cura aconteça, mas também um pedido para que a força, a coragem e a paz interior sejam derramadas sobre elas.

Com certeza, a cura vai além do diagnóstico médico, e a verdadeira cura pode ser vivida no processo de entrega a Deus, no apoio de familiares e amigos e na fé que sustenta. A intercessão de

Santa Águeda nos lembra que, mesmo quando os médicos não têm todas as respostas, Deus tem o poder de restaurar nossa vida, em seu tempo e de acordo com sua vontade.

Invoquemos sua poderosa intercessão, pedindo a cura de todas as mulheres que estão lutando contra o câncer de mama. Que, por seu poderoso intermédio, o Senhor derrame sua graça sobre elas. Que a paz e a confiança em Deus sejam fontes de fortalecimento, durante todo o tratamento e toda a recuperação, e que elas possam experimentar a plenitude da cura e da renovação em sua vida.

Que este dia de novena seja um lembrete de que Deus é o Médico Divino, que pode curar todos os tipos de enfermidade, e de que todas as mulheres que enfrentam o câncer de mama podem encontrar esperança, conforto e cura pela intercessão da gloriosa Santa Águeda. Assim seja. Amém!

4. Oração final (p. 13)

Índice